AF359625

HENRI ARSAC

ADOLPHE THIERS

Simple histoire du Libérateur

NANCY

TYPOGRAPHIE G. CRÉPIN-LEBLOND, 14, GRAND'RUE

1879

DÉDICACE

A Monsieur Henri Paris, avocat, ancien maire de Reims.

Permettez-moi, Monsieur, de vous dédier ces pages écrites au courant de la plume pendant les nuits d'insomnie que m'ont fait passer les fêtes de Nancy. Ces fêtes ont froissé douloureusement les cœurs français comme le vôtre. On a voulu mettre sur un piédestal le fondateur de la troisième République, sous le fallacieux prétexte d'honorer le « libérateur » du territoire. Comme si célébrer la prétendue libération du territoire par des réjouissances publiques à trois lieues des Allemands cantonnés en Alsace-Lorraine n'était pas la plus lamentable aberration du sens national ! comme si tirer le canon pour un anniversaire et pour un homme qui nous rap-

pellent les derniers adieux à nos chères pro-
vinces séparées n'était pas une ratification libre,
et dès lors criminelle, de cet humiliant protocole
de Francfort à nous imposé par la force des
baïonnettes! L'évacuation du territoire qui nous
reste ne saurait faire oublier l'occupation de
celui que nous avons perdu. Foi de Français, les
fêtes de Nancy sembleraient avoir été imaginées
pour consoler nos compatriotes annexés de ne
plus appartenir à la mère-patrie.

M. de Talleyrand disait de M. Thiers : « Il a
infiniment d'esprit, mais il perdra la France. »
M. de Talleyrand prophétisait. Ce rapide travail a pour but de démontrer la vérité de
cette parole. Que d'autres chantent les louanges
du vaniteux « petit bourgeois, » qui, de palinodie
en palinodie, en vint à sacrifier l'avenir du
pays à sa propre ambition et aux ruineuses
expériences de l'école révolutionnaire; moi, je
déshabille l'effronté Janus de Grandvaux, et je
montre ce qui nous est revenu, en définitive, de
tant de facultés brillantes mises au service d'un
seul au lieu de l'être au service de tous. Qui plus
que Thiers a déclamé contre les traités de 1815
et contre les Bourbons? Et il s'est vu réduit à
signer le traité de Francfort, que jamais un
Bourbon n'eût signé. Quel châtiment!

Vous, Monsieur, vous avez eu le patriotisme
de braver, en pleine occupation allemande, la

colère des vainqueurs et de vous élever avec l'âme d'un Français d'autrefois contre les humiliantes conditions de la paix, contre la cession de l'Alsace-Lorraine ; vous avez eu le courage d'écrire que la force brutale employée par nos conquérants pour nous arracher les acquisitions régulières de l'ancienne monarchie ne pouvait pas primer des droits reconnus à Munster (1648), à Nimègue (1678), à Ryswick (1698) et à Rastadt (1714), sans compromettre l'avenir de l'équilibre européen. Aussi votre livre a-t-il subi les honorables mutilations de la censure ennemie, pour avoir traité la conquête de si haut. Vous envisagiez, en effet, la vraie, la seule libération du territoire. Le négociateur de Versailles a envisagé, au contraire, la livraison d'une partie pour sauver le reste ; pensant faire de la politique, il est tombé dans la chicane ; au lieu d'un diplomate appuyé sur des contrats européens, parlant au nom d'un glorieux passé de quatorze siècles, il a donné à M. de Bismarck le spectacle d'un avocat essayant de couvrir de sa toge les cinquante-quatre millions d'hectares du sol national.

Si l'arrogant chancelier avait eu devant lui un roi de France, il eût été obligé, bon gré mal gré, de repasser le Rhin et la Lauter. Il l'a avoué lui-même, et vous le saviez bien, Monsieur, quand vous écriviez votre courageux plaidoyer

pour l'indivision du territoire. C'est parce que
vous l'avez mieux défendue que personne que je
vous dédie ces pages sur le pseudo-libérateur, en
attendant avec vous que la Providence suscite le
véritable.

Avant même que j'en fisse un livre, la Presse
a cité mon travail avec quelque éloge; je m'en-
hardis donc à vous l'offrir. Veuillez l'accepter
de ma part en retour de l'amitié dont vous hono-
rez un jeune combattant du vieux droit français.

Henri ARSAC.

ADOLPHE THIERS

Simple histoire du Libérateur

—

Omnia serviliter pro dominatione.
TACITE.

C'était l'indignation qui inspirait à Juvénal ses
satires brûlantes ; c'est l'âme de la patrie qui me
dicte ces lignes. J'écris dans la capitale de la Lorraine mutilée, pendant que les mille bruits d'un
grand carnaval politique résonnent à mon oreille,
pas assez fort cependant pour m'empêcher d'entendre les plaintes de Metz et de Strasbourg, et le
pas pesant des soldats prussiens en faction à nos
portes. Là bas on prie et l'on pleure, ici l'on rit et
l'on chante ; là bas on tourne des regards suppliants
vers la mère-patrie, ici l'on tourne le dos à nos
sœurs prisonnières ; on illumine, on mange, on boit

à la libération d'un territoire toujours démembré. On coule Thiers en bronze sur une place publique, on pérore, on fait bruire des cuivres chèrement payés, on ruine les contribuables en lampions, en banderolles, en feux d'artifice ; on se rue sur les pas d'une mascarade bariolée ; on se soûle pour oublier l'amputation de la France ; on tire vanité du prix de la rançon. Et l'on appelle cette danse macabre, conduite par des républicains sur le corps meurtri de l'Alsace et de la Lorraine, les fêtes du « libérateur ! » Ces fêtes font horreur et pitié. Elles font pitié, car nous y voyons les mêmes comparses, les mêmes arlequins et les mêmes coryphées qu'aux fêtes impériales de 1866 ; et elles font horreur, car la joie est interdite dans la maison d'une mère qui a perdu deux filles.

Quant au prétendu libérateur, qu'y a-t-il chez ce petit homme qui mérite une statue ? S'il a fait réellement de grandes choses, pourquoi ne pas donner à la postérité le temps de les juger ? Seule, la postérité a le droit de décerner la plus haute récompense à la vertu civique ou militaire. Jeanne d'Arc, l'éternel honneur de la Lorraine, libératrice indiscutée de la France, qui « bouta » à la pointe de la lance les Anglais hors de son pays et qui couronna sa divine mission par le martyre, Jeanne d'Arc a attendu une statue pendant quatre siècles, et ce ne sont point les Lorrains qui la lui ont érigée ! Saint Vincent de Paul, qui trouva dans son inépuisable charité le secret d'envoyer huit millions à la Lorraine ravagée et ruinée, n'a pas de statue dans ce pays. Villars, qui sauva la France à Denain, n'en a pas encore. Et la cendre de Thiers n'est pas refroidie que les républicains juchent cet enfant de la Cannebière sur un piédestal ! Caligula fit son cheval consul ; les républicains ont décerné au « cheval de renfort » sans lequel leur République n'eût point gravi la côte une statue, qui, par méprise sans doute, n'est point équestre. L'essentiel, c'était d'accaparer cette figure, d'"exploiter cette renommée , de débiter cette fausse gloire en menue monnaie démocratique. Les républicains y ont réussi.

L'esprit révolutionnaire, le manque de principes, l'adoration du succès: certes, voilà bien les liens communs entre lui et eux. Mais il les a accablés tant de fois de ses mépris et de ses sarcasmes à la tribune, il les a fait tant de fois canonner que leur culte subit pour le « boucher de la rue Transnonain » ne peut donner à personne le change sur leur comédie. Personne, du reste, ne leur dispute le cadavre du premier démolisseur de ce siècle. Si Thiers était mort dans sa peau de président, avant le 24 mai, sans avoir été le chef de l'Opportunisme, ils n'auraient pas imaginé son apothéose ; mais il est mort juste à temps, dans sa peau de Père de la République, à la tête de l'Opposition, et l'on a songé tout de suite à tirer parti de sa dernière manière. L'on voit ceux qui le maudissaient en 1871 le bénir aujourd'hui, ceux qui ne croient pas à l'immortalité évoquer son âme, ceux qui ne plient pas le genou devant Dieu mettre ventre à terre devant l'effigie du « petit bourgeois, » et ceux qui conspuent les rois faire asseoir sa veuve sur un trône doré et armorié ! Plus hypocrites et plus fourbes que les augures païens, ils se regardent sans rire. Enfin, voilà qui est fait. Le peuple souverain a bu, il a ramassé les bouts de cigares exquis jetés par ses maîtres au sortir du banquet officiel. La statue de Thiers est boulonnée jusqu'à ce qu'il se trouve parmi les libérés de Nouméa un Courbet qui ne pardonne pas au prétendu libérateur de lui avoir infligé le baptême de la Ligne.

Je ne vois rien dans la longue et fiévreuse carrière de cet homme qui mérite les honneurs de l'apothéose. Si l'on rencontre des perles dans ses actes, comme on en rencontre dans Voltaire, elles sont rares et souillées par le contact des objets environnants. La vie de Thiers n'est pas de ces vies illustres qui commandent l'admiration et qui doivent être écrites sur des tables de bronze ou de marbre pour servir de modèle aux citoyens d'un grand pays. Voltiger sans relâche du Pouvoir à l'Opposition ; être de l'Opposition pour conquérir le Pouvoir, être au Pouvoir pour écraser l'Opposition ; affecter en bas un libéralisme outré, en haut ne reculer devant aucun excès de force ; plaider le pour et le contre avec la même ardeur, avec la même habileté : c'est prêcher d'un pernicieux exemple. Thiers n'a jamais prêché autrement.

Né à Marseille, l'antique Phocée, il avait du sang des sophistes grecs. Sa famille, apparentée aux Chénier, était pauvre. A la création des lycées impériaux, on obtint une bourse pour le petit Adolphe. Le bonhomme fit présager sa grandeur future en étalant de la poix sur les siéges de ses régents, afin, disait-il, de les rendre inamovibles. Pour en tirer quelque chose de bon, il fallut le froisser dans sa vanité, déjà plus grande que sa personne, en lui faisant comprendre qu'un boursier ne pouvait pas se permettre les mêmes escapades qu'un élève payant. On n'eût pas plus tôt froissé en lui ce noble sentiment que le plus paresseux des écoliers devint le plus appliqué ; personne ne lui ôta la première place jusqu'au sortir des classes.

A Aix, étudiant en droit, il recommence ses gamineries, devient le tourment de la Faculté, le chef d'une bande d'étudiants tapageurs et le cauchemar de la police. Affilié bientôt au Carbonarisme, cette association secrète qui minait sourdement le trône et l'autel, il essaye sa voix de fausset dans les clubs clandestins et sa plume dans les mauvais journaux. Sa stature exiguë, la singularité de ses gestes, sa verve endiablée attirent l'attention sur ce microscopique tribun, sur ce Mirabeau-mouche. La faction libérale de l'endroit ne jure plus que par lui.

Un jour, l'Académie d'Aix, composée de *rouges*
et de *blancs*, met au concours l'éloge de Vauve-
nargues. Adolphe Thiers compose deux éloges, l'un
blanc, l'autre *rouge*, et dépose ses deux manuscrits,
d'écriture différente. On examine les compositions,
on les classe ; la séance solennelle a lieu, on ouvre
les plis cachetés , correspondant aux devises des
meilleurs éloges , qui contiennent les noms des
lauréats. Les deux premiers plis donnent le même
nom, celui de Thiers, qui a ainsi remporté le prix et
l'accessit. L'assistance éclate de rire. Les graves
académiciens provençaux , mystifiés et mortifiés,
envoient à tous les diables le petit traître qui les a
rendus la fable du pays. Plus tard, l'étudiant devenu
député et ministre mystifiera le Corps législatif
comme une simple académie de province. Ce jour
là, les libéraux portèrent Thiers en triomphe. Dans
la soirée, on se réunit à la *Vente* des carbonaros, et
là, profanant l'emblème de l'amour divin, on jura
SUR LE CRUCIFIX haine à la Monarchie. Ce sacrilége
a été raconté en 1849, dans le 15e bureau de l'Assemblée nationale , par un témoin, Michel (de
Bourges), qui tenait le crucifix pendant le serment
de Thiers et à qui Thiers le présentait pendant le
serment de son camarade. C'est un fait connu dans
la presse. Sacrilége! beau début dans la vie.

Notre sacrilége passe sa licence. Restera-t-il au
pays natal pour défendre l'orphelin et la veuve?
Non, il faut à son ambition une scène plus vaste.

Pauvre, il lui faut de la fortune ; obscur, il lui faut un nom. Le démon de la Révolution le pousse ; il vient à Paris avec son compatriote Mignet, la poche peu garnie, mais la tête bourrée de projets d'avenir. Ils se logent dans les combles d'un hôtel meublé du passage Montesquieu, en attendant que la fortune leur fasse habiter d'autres sommets. Mignet s'attelle au travail comme un bénédictin ; Thiers, lui, s'introduit dans les rédactions, se faufile dans les couloirs de la Chambre, se glisse dans les antichambres ministérielles ; il sollicite humblement auprès des chefs du parti libéral. Son étoile l'amène enfin à la Chambre le jour où Manuel était arraché de son banc par les gendarmes. Thiers se précipite : « Vengeance ! crie-t-il ; les représentants sont inviolables ! malheur à ceux qui déchirent la Charte ! » Puis, sans perdre la tête, il décline à Manuel son pays, son nom et surtout son adresse. Manuel, bon prince, recommanda le jeune marseillais à Etienne, chef de la rédaction du *Constitutionnel*, le plus puissant des journaux de l'opposition dynastique, qui excellait à désaffectionner le peuple de la monarchie légitime. Etienne admit dans sa troupe le protégé de Manuel. Le protégé avait trouvé le chemin qui mène à tout ; il se mit à casser les vitres des Tuileries, des ministères, de la Chambre, et à faire le plus de tapage possible pour faire parler de lui. Son serment de haine à la Monarchie, il le tenait joliment, alors !

Quels étaient donc ses griefs, quels étaient les griefs des « libéraux » contre la Restauration? La Restauration n'avait-elle pas fermé les plaies et payé les dettes de la France? libéré complètement le territoire? franchement adopté le régime parlementaire? donné un prodigieux essor aux affaires, aux lettres et aux arts? relevé notre prestige militaire par des combats heureux? L'opposition dynastique voulait rouvrir, et elle a rouvert, en effet, *per fas et nefas*, la porte aux révolutions ; elle commettait gaiement ce crime monstrueux de lèse-patrie. Qu'importait à Thiers, lui qui cherchait le succès par le scandale! Il fut remarqué des chefs de l'Opposition, de Casimir-Périer, du banquier Laffite, du baron Louis, du duc de La Rochefoucauld-Liancourt, du général Foy ; on le présenta à Talleyrand, qui étudia cette singulière organisation méridionale, perfectionna la souplesse des ressorts, développa les naturelles dispositions à l'intrigue. Sous l'ascendant du plus roué des diplomates, Thiers se laissa aller à une sorte de fatalisme inconscient qui lui fit subordonner de plus en plus le respect du droit à l'importance du fait. L'adoration du succès fut jusqu'au dernier soupir tout son culte intérieur et extérieur.

Les salons les plus courus de Paris lui étaient ouverts, il les fréquenta, et c'était merveille d'ouïr un si petit homme discourir avec une si grosse impertinence sur tout et sur rien, au milieu des personnages les plus graves. Mais il savait si bien flatter son monde, il faisait briller derrière ses lunettes des yeux si pétillants de ruse et de malice qu'on passait tout à cet enfant gâté et qu'on s'oubliait à bavarder avec lui. Il fit subir ainsi un véritable interrogatoire aux principaux acteurs survivants du grand drame de la Révolution. Leurs réponses lui fournirent les matériaux de l'*Histoire de la Révolution française*. Sa célébrité et sa fortune ont commencé avec ce livre, qui participe à la fois du roman, du journal et du plaidoyer, mais qui n'est rien moins que de l'histoire.

Dépourvu de convictions et dévoré de besoins, il frappe monnaie en faisant venir la mode d'admirer Danton, Robespierre et les hommes de la Montagne. Il pousse jusqu'à l'exaltation le « fanatisme calculé de ses hyperboles. » Les monstres de la Terreur, il en fait des géants ; il absout la Convention ; l'assassinat de Louis XVI lui semble une nécessité ; il substitue au libre arbitre des criminels je ne sais quelle force irrésistible qui les pousse, malgré eux, à se baigner dans le sang ; les bourreaux finissent par être plus intéressants que les victimes. Jamais on n'avait à ce point fait profession d'immoralité en histoire. Ce livre, où l'on respire le fatalisme à chaque page, a exercé d'immenses ravages dans les intelligences ; il les a perverties en atténuant l'horreur des scélérats. Le mal qu'il a fait dure encore, malgré que l'ouvrage soit aujourd'hui discrédité ;

car il a fait surgir une école qui a déduit les extrêmes conséquences du système du maître. Si l'on admire Danton, l'instigateur des massacres de septembre, on ne peut faire autrement que d'admirer Raoul Rigault, l'ordonnateur du massacre des ôtages. Infusez dans les esprits la morale sociale de la *Marseillaise*, et vous préparez des recrues pour la Commune. Du reste, Thiers a, depuis, condamné lui-même son ouvrage ; mais il s'est bien gardé de rendre l'argent qu'il en avait retiré.

Le voilà donc riche par un mauvais livre ; il ne se refuse aucune jouissance, aucun luxe, même celui de monter à cheval et de s'étaler piteusement sur la voie publique. « Les richesses lui sont venues ; il se presse d'en jouir en homme qui a longtemps pâti. » N'ayant plus faim, il se croit libre de toute obligation envers Manuel ; il combat la réélection de son protecteur. C'est le commencement de ses ingratitudes. Il tournera' le dos, successivement, à Laffite, à Carrel, à Dupont de l'Eure, à Louis-Philippe et aux royalistes.

Le *Constitutionnel*, où il n'était pas le maître, ne lui pouvait plus suffire ; bientôt il fonda, avec Carrel et Mignet, le *National*, dont la critique acerbe, haineuse, fut fatale aux Bourbons. Le *National* fut la citadelle de la conspiration carbonariste. On y faisait la guerre la plus honteuse au régime qui avait deux fois, en 1814 et en 1815, empêché le partage de la France, et qui plantait

en ce moment notre drapeau à Alger, là où avait
échoué l'invincible Charles-Quint. L'objectif était de
jeter la royauté hors du gouvernement, au moyen de
la maxime : *Le roi règne et ne gouverne pas.*
« Allez, disait Thiers, forcez les Bourbons à rester
dans la Charte ; fermez la porte, ils sauteront par la
la fenêtre. » C'était la plus déloyable, la plus injuste,
la plus acharnée et la plus criminelle des opposi-
tions. On voulait pousser le roi à bout, afin qu'il
fournît aux carbonaros un prétexte, le plus mince,
d'exhiber les armes emmagasinées dans leurs
Ventes et de faire le coup de feu contre la Loi, au
nom de la Loi, — une Révolution armée enfin.

Les Ordonnances de Juillet vinrent à point. Le
National publia la fameuse protestation des journa-
listes libéraux, qui fut le signal de l'émeute. Thiers
la signa ; mais la conspiration sortant de l'ombre et
Paris se couvrant de barricades, comme il y avait
des coups de feu à essuyer et non plus des coups de
plume, il se sauva bravement à Montmorency. Là,
pendant trois jours, mollement couché sur les
pelouses, l'œil perdu dans les profondeurs du ciel
bleu, Tityre prit le frais et attendit l'issue du combat. Le dernier coup du fusil était à peine tiré
qu'on le vit apparaître sur presque toutes les barricades à la fois et se faire modestement passer pour
un héros.

Les émeutiers ayant eu raison de la Loi, on
procéda à l'installation du nouvel ordre de choses.

On éleva la baraque des d'Orléans sur l'emplacement de la Maison de France. Et Thiers de planter là le *National*, Carrel et les idées libérales, pour briguer un petit coin dans cette baraque. Il avait 33 ans ; on en fit un conseiller d'Etat. Grâce au baron Louis, il cumula ces fonctions avec celles de secrétaire général aux finances. Jamais champignon n'avait poussé plus vite dans les boues révolutionnaires, — selon la pittoresque expression de Cormenin. Laffite arrive au ministère : on arrange la loi électorale de façon à rendre Thiers éligible ; il brigue les suffrages du collége d'Aix, il est élu. La tribune aux harangues vaut-elle pas mieux que les colonnes du *National?*

Adieu les combles du passage Montesquieu ! Mirabeau-mouche perche maintenant sur la monarchie contrefaite de Juillet, « comme un singe sur le dos d'un chameau. » — Cette figure est de Châteaubriand. - Dans son infatuation, il se croit seul capable de diriger la royauté bourgeoise. Il songe donc à se faire prendre au sérieux et surtout à amasser une grande fortune ; car, s'il « aime la possession du pouvoir, ce n'est pas pour ce que le pouvoir est en lui-même, mais pour le bien-être que le pouvoir procure. » Il se plonge fiévreusement dans l'étude des questions de finances ; grâce à la subtilité de son esprit, à sa merveilleuse faculté d'assimilation, les plus hautes difficultés financières deviennent un jeu pour lui. Personne ne dépensera l'argent

public plus facilement ; mais aussi personne n'éga--
lera sa manière d'en rendre compte. Cette manière
ne sera pas celle de tout le monde ; il l'appellera
spirituellement « l'art de grouper les chiffres, »
et les plus malins n'y verront goutte.

La Révolution de juillet n'était pas seulement
une révolution contre le trône, c'était aussi, comme
toujours, une révolution contre l'autel. On avait
abattu le trône d'abord, sous prétexte qu'il servait
de support à l'autel. Erreur ! l'autel a des appuis
moins périssables. Bref, l'occasion se présenta, en
1831, de juger le fond voltairien des hommes de
juillet, lorsqu'ils mirent l'archevêché de Paris à sac.
Il sembla voir alors s'abattre sur la Seine une horde
du temps d'Attila ou de Genséric, sous des vête-
ments modernes. Comme on ne courait aucun
danger dans ce combat stupide contre des objets
inanimés, Thiers y alla. Ce petit singe de Voltaire
souriait à cette scène digne du *Paradis perdu*.
Lorsque la garde nationale arriva pour mettre fin à
la démolition, Thiers s'interposa avec vivacité pour
donner aux démolisseurs le temps d'achever leur
œuvre infernale. La croix dorée qui s'élevait sur
Notre-Dame de Paris fut abattue le même jour, par
son ordre assurément.

Je n'invente pas, je résume simplement la dépo-
sition faite à la Chambre des députés, le 13 août
1831, par une témoin oculaire, par François Arago,
l'illustre astronome. La parole d'Arago vaut de l'or,

le *Moniteur* a imprimé cette parole, la complicité
morale de Thiers avec les Vandales du sac de l'archevêché est patente. Elle fait au serment sacrilége
d'Aix un superbe pendant. Croyez-vous qu'il s'en
soit repenti? Jamais. Il disait plus tard à un roya-
liste marquant du Lyonnais : « Après tout, c'était
un acte bien excusable de la gaminerie parisienne!»
Tout l'homme s'est peint de la pointe de son petit
toupet à la plante des pieds, dans cette phrase. Si,
quelque jour, un grand capitaine ou un grand politique rend à la France la Lorraine et l'Alsace, si on
dresse une statue bien méritée à ce libérateur pour
tout de bon, et si le peuple souverain attache alors
une corde au cou de celle de Thiers, qui n'aura plus
raison d'être, et si on l'abat comme nous en avons
vu abattre quelques-unes depuis 1870, les mânes
du « petit bourgeois » ne devront pas ressentir
l'injure de cet « acte bien excusable de gaminerie : »
ce sera la peine du talion. Quiconque a démoli sera
démoli.

Je reviens à mon sous-secrétaire d'Etat. Il avait
fait, dans sa jeunesse, un travail approfondi sur le
fameux système de Law. Désireux d'être remarqué
à la tribune pour les discussions d'affaires, il puisa
dans son livre sur Law la matière nécessaire à un
plaidoyer pour l'amortissement de la dette. Dette
infortunée ! l'amour de Thiers pour l'amortissement
était purement platonique. Il a amorti moins que
personne, et chaque réédition de son premier dis-

cours sur l'amortissement, car il l'a souvent répété, a vu, au contraire, grossir la dette.

Le ministère Casimir Périer succède au ministère Laffite ; Thiers fait une pirouette, renchérit sur le zèle de Périer, sur son attachement au roi de la bourgeoisie, sur l'énergie des moyens de gouvernement à employer. Il se met aux genoux de Louis-Philippe, il ne sait par quelles grimaces serviles, par quels baise-pieds lui témoigner son humble dévouement. Par derrière, il le crible de lazzis ; mais, avant tout, il ne veut dégringoler de la bosse du chameau. Le sensualisme du pouvoir pousse Thiers à toutes les bassesses ; il fait les délices des satisfaits du juste-milieu, de ces grands coupables de l'époque, qui ont faussé le bon sens public avec leur devise : « Ni Jésuites, ni Jacobins, » c'est-à-dire ni vertu ni crime, ni bien ni mal, vive le dieu des bonnes gens !

Thiers mérita bien de Casimir Périer, qui le chargea d'une mission secrète en Italie. Avant de s'engager sur la route du Midi, le petit vaniteux prit secrètement ses mesures pour faire naître sur son passage en Provence des ovations *spontanées*, et il suivit ses fourriers à petite distance. Hélas ! hélas ! quelle déception. Charivari à Aix, charivari à Marseille, charivari à Brignolles, charivari des charivaris, charivari à la provençale. Il eut la tête fendue des cris : « A bas le traître ! le traître à la France! le traître à l'Italie ! le traître à la Pologne! »

Les académiciens d'Aix étaient vengés. Le transfuge des clubs révolutionnaires, devenu homme-lige du Pouvoir, essuyait le feu de ses amis d'autrefois. Le cœur gonflé de rage, il mit aussitôt la mer entre eux et lui. Une consolation lui était réservée. Périer meurt à propos, on rappelle Thiers, il est ministre de l'intérieur, et voici comment il se couvrit de boue là où un autre se serait couvert de l'estime des cœurs généreux.

La prise d'armes de la Vendée est connue. Une fille des rois, une femme, une mère, ose tenter le grand ouvrage de reconquérir l'héritage de son fils. Elle échoue dans ce dessein, elle fuit d'asile en asile jusqu'aux bords de l'Océan, où elle s'abrite sous le toit d'un ami fidèle, en attendant qu'un vaisseau puisse la soustraire aux dents des limiers lancés sur sa piste par l'oncle qui lui a volé son héritage, Or, elle a laissé capter sa confiance par un homme de la race de Judas. Ce juif allemand, cette âme basse, vile, infâme, Deutz enfin, connaît la retraite de la duchesse de Berry. Il va trouver Thiers, offre de lui vendre son secret. Tout autre eût écrasé le misérable sous le poids de l'indignation. Or, le jeune ministre qui avait la bonne fortune de signaler son avènement aux affaires par une battue à la femme proscrite était exempt de ces pudeurs de chevalier. — Combien veux-tu ? dit-il à Deutz. — Un million et deux cent mille francs d'arrhes. — Le nouvel Iscariote était plus cher que l'ancien. Mais l'occasion d'illustrer la couronne et d'obtenir les bonnes grâces de Louis-Philippe en lui faisant présenter sa nièce emmenottée par deux gendarmes valait bien un million. Thiers mit sa main dans la main que Louvel même eût repoussée ! ils topèrent, les arrhes furent comptées, le secret livré. Forcée de sortir de sa cachette, après dix heures d'indicibles souffrances, et de se livrer aux sbires de Thiers, la duchesse de Berry est enfermée dans la citadelle de Blaye. Nuit et jour elle est gardée à vue par un soldat brutal ; son état est digne de tous les égards, de tous les respects : on en abuse pour la flétrir aux yeux de la nation ; on veut découvrir le secret de sa vie, divulguer ses faiblesses ; les rapports des médecins sont livrés aux journaux ; on arrache enfin à la malheureuse duchesse l'aveu de son mariage secret en Italie. Cet aveu, malgré la parole donnée de le laisser aux archives, est inséré par ordre de Thiers au *Moniteur*, afin de l riser à tout jamais la couronne de régente sur le contrat des secondes noces.

Louis-Philippe dormira tranquille, les devoirs de l'hospitalité ont été remplis , il peut dire à son premier ministre : « Je suis content de vous; la Convention n'a traité ni la Reine ni Mme Elisabeth comme vous avez traité ma nièce. » Mais en même temps, aux applaudissements de la France honnête, chevaleresque, chrétienne, la grande voix de Victor Hugo se faisait entendre au milieu des *Chants du*

Crépuscule ; dans ses vers à l'*Homme qui a livré une femme*, il clouait au pilori d'infamie celui qui avait obtenu le million et l'« impur traitant » qui l'avait accordé. Ce n'est pas l'Histoire tenant ses tablettes qu'on aurait dû représenter au pied du monument de Thiers, mais Deutz accroupi et comptant son or!

De geôlier Thiers devient entrepreneur ; il échange le maigre portefeuille des affaires intérieures contre le portefeuille dodu des travaux publics, moyennant un crédit de cent millions destinés à achever l'Arc de Triomphe de l'Etoile, la Madeleine, le Palais du quai d'Orsay, à mettre Voltaire au fronton de Sainte-Geneviève, son propre génie sans doute sur la colonne de juillet, et la redingote grise sur la colonne Vendôme. Ceux qui exécutèrent ces travaux pourraient dire les petits traités particuliers qu'il passa avec eux. Il commence aussi à jouer à coup sûr à la Bourse, grâce aux complaisances du télégraphe. Les journaux du temps l'accusent de tripoter et d'agioter, il ne s'en défend pas, et l'on verra s'élever le délicieux petit hôtel de la place Saint-Georges aux accords argentins de l'Amphion de la Bourse et des Travaux publics. Le seul service alors rendu par lui à la France est le maintien du tarif des douanes, c'est-à-dire du système protecteur.

Après avoir brassé quantité d'affaires, il repasse à l'Intérieur. Les socialistes s'agitent, les émeutes

des 12-13 avril éclatent. Alors il fait de la répression
à outrance, du terrorisme constitutionnel, « non pas
par rigueur systématique ou par violence de tempérament mais par fatuité d'énergie. » L'ancien rédacteur du *National* ne prêche plus l'insurrection, il la
mitraille dru et serré dans la rue d'abord, ensuite il
massacre la liberté dans sa loi sur les associations.

L'attentat de Fieschi lui fournit une belle occasion d'étrangler la presse, cette mère à qui il devait
tout, au moyen des lois de septembre, lois dépassant
de beaucoup la rigueur de ces ordonnances de Juillet, dont il avait fait à la Restauration un crime
irrémissible. Le fougueux libéral de 1830 s'est
métamorphosé en un réactionnaire non moins fougueux, aussitôt qu'il a eu pignon sur rue. Entre
temps, il se fait appeler *Foutriquet* par le maréchal
Soult, surnom gracieux qui devient vite populaire,
et il dispute la prééminence à Guizot. Si Guizot
conduit le char de l'Etat, Thiers creuse les ornières
où il doit verser. — Mais la France? — Bast! on
réléguait cette bonne fille au second plan. On
assiégeait Anvers pour la distraire, ou bien on fes-
toyait à Grandvaux pour la divertir. Foutriquet
singeait parfois Fouquet.

C'est une charmante anecdote que la partie de
plaisir de Grandvaux. Des ministres, des députés,
le préfet de police et autres gens à panache s'en
vinrent cuisiner de compagnie sur les terres du
comte Vigier. On mangea beaucoup, on but davan-

tage, chacun raconta sa petite gaudriole. Les yeux
de Thiers papillotaient, on le coucha, il s'endormit.
Tout à coup, est-ce un rêve ? son oreille est frappée
de bruits étranges ; il se réveille en sursaut ; plus
de doute, un orchestre diabolique joue sous sa
fenêtre ; ce sont les autres convives, ivres plus d'à
moitié, qui lui donnent, en guise de sérénade, un
charivari renouvelé d'Aix, de Marseille et de Brignolles. Sa vengeance est immédiate ; il écarte
brusquement les rideaux et se montre, entre deux
flambeaux brillants, dans la posture la plus indé-
cente des diables de Callot sur la *Tentation de
Saint Antoine*. L'orchestre, épouvanté par cette
apparition, fuit ; les nymphes de Grandvaux, effa-
rouchées, plongent dans leurs grottes profondes.
Cette victoire de haute lutte fut fort célébrée ; Dupin
n'en manifesta, du reste, aucune surprise. Il ne faut
donc pas s'étonner si Thiers, passé aux affaires
extérieures, voulut ensuite intervenir avec le même
courage en Espagne, lui qui avait blâmé, en 1823,
l'intervention des Bourbons. Rien dans sa statue de
Nancy ne rappelle, et c'est vraiment dommage,
l'héroïque attitude de Grandvaux.

Son ardeur belliqueuse faillit nous jouer un
mauvais tour en 1840. Il nous engage inconsidéré-
ment dans la question égyptienne, prétend soutenir
Méhémet-Ali contre l'Angleterre, la Russie, la
Prusse et la Turquie, manque nous mettre cette
formidable coalition sur les bras, par pure fanfaro-

nade. Mais il profite de l'émotion causée pour faire
voter les fortifications de Paris, complément obligé
de l'œuvre de Vauban et de Louis XIV, dont nous
aurions pu tirer meilleur parti en 1870. L'idée n'était
pas de Thiers ; il la reprenait de M. de Clermont-
Tonnerre, ministre de la guerre sous Charles X, et
qui avait déjà fait étudier la question. Thiers vou-
lut-il réellement fortifier Paris contre l'étranger, ou
bien embastiller la démagogie grondante ? Les avis
diffèrent, mais les fortifications sont restées, et nous
nous sommes trouvés trop heureux de les avoir. Les
ouvrages de Paris et la conservation de Belfort, voilà
les deux services sérieux, durables, rendus par
Thiers à son pays.

Pendant cette première moitié du règne de Louis-
Philippe, on a vu Thiers s'enrichir, embrasser les
genoux du souverain, renier les libéraux, leur faire
une guerre d'extermination, et se jeter avec plus de
témérité que de hardiesse dans la politique d'aven-
tures, qu'il attaquera si vivement, plus tard, sous le
second empire. Voici comment le juge à cette époque
le républicain Cormenin :

« Il s'est fait fauteur et panégyriste de dynasties,
« souteneur de priviléges, donneur et exécuteur
« d'ordres impitoyables ; il a irréparablement
« attaché son nom à l'état siége de Paris, aux
« mitraillades de Lyon, aux magnifiques exploits
« de la rue Transnonain, aux déportations du Mont-
« Saint-Michel, aux embastillements, aux lois

« contre les associations, les crieurs publics, les
« cours d'assises et les journaux, à tout ce qui a
« enchaîné la liberté, à tout ce qui a flétri la presse,
« à tout ce qui a faussé le jury, à tout ce qui a
« décimé les patriotes, à tout ce qui a dissous les
« gardes nationales, à tout ce qui a démoralisé la
« nation. »

Le « cheval de renfort » a fait oublier de nos jours
aux « patriotes » ce jugement sévère, mais juste, de
l'un des plus autorisés d'entre eux. Ils ne parvien-
dront jamais à laver Thiers du reproche d'avoir
démoralisé la nation en prêchant la seule religion
du succès et en se vantant de toutes ses apostasies.
Il est même allé très loin dans la voie de la démo-
ralisation, puisque Eugène Sue a reconnu lui
devoir cet ignoble livre du *Juif-Errant* qui a
empoisonné tant de pauvres esprits. Les «patriotes»
ne le laveront pas non plus du reproche d'avoir, lui,
enfant gâté de la Révolution, plaidé pour le moins
admissible des priviléges, pour l'hérédité de la pairie.

Dans la seconde moitié du règne de Louis-
Philippe, Thiers, battu dans les conseils du roi par
Guizot, reprend son premier métier de révolutionnaire, et devient le chef de l'opposition libérale.
Non content de combattre le pouvoir existant dans
l'arène parlementaire, il le combat par ses livres et
dirige contre lui une machine de guerre formidable : l'*Histoire du Consulat et de l'Empire*, un
chef d'œuvre.

L'*Histoire de la Révolution* était d'un jeune homme haineux, inexpérimenté ; l'*Histoire du Consulat et de l'Empire* est d'un homme mûri par le travail, le maniement des affaires, l'expérience des hommes. Ce monument élevé à la politique, à l'administration, à la guerre, à la diplomatie du régime impérial fut fatal à la monarchie vulgaire, bourgeoise, peureuse de 1830. Venant après le retour des cendres de Sainte-Hélène, après le rétablissement du « petit caporal » sur le bronze de la grande armée, après les chansons de Béranger, après les odes enthousiastes de Victor Hugo, après les tentatives de Strasbourg et de Boulogne, il donna un corps à la légende napoléonienne ressuscitée, il prépara le 2 décembre, pendant que les *Girondins* de Lamartine préparaient la Révolution de février, cette réponse de 1848 à 1830, du peuple aux bourgeois

Les républicains se plaignent amèrement du 2 décembre? Si le second empire a été leur châtiment, il fut avant tout leur faute. Béranger et Victor Hugo, leurs idoles, ont donné à la légende impériale les ailes de la poésie ; Thiers, qu'ils accaparent aujourd'hui, lui donna la force d'un système politique, en la présentant comme la Révolution disciplinée. Ne saurait-on trouver encore une autre explication de l'opposition napoléonienne de Thiers dans ce fait que le prince Louis-Napoléon, en voguant vers Boulogne avec ses compagnons d'aventure, leur

annonça M. Thiers comme devant être son premier
ministre. — Pourquoi? On ne l'a jamais su.

Bref, Thiers, ayant profité de ses divers ministères
pour s'amasser une immense fortune et n'ayant plus
besoin du pouvoir pour s'enrichir, préfère être le
chef incontesté de l'Opposition, de l'agitation réfor-
miste, que de soutenir la monarchie dont il a été un
des principaux auteurs. Il n'a plus besoin de Louis-
Philippe : Louis-Philippe peut partir, il ne sera pas
regretté. Aussi comme l'ancien ministre, du haut
de la tribune, accable de son mépris le pouvoir
constituant, comme il exalte la Révolution à laquelle
il rapporte tout ce qu'il est, comme il se vante de lui
appartenir. Les Jésuites! il n'en ferait qu'une bou-
chée à ce moment là. Et tout ce bruit, dans quel
but? sinon pour se faire accepter d'avance comme le
chef indispensable de la nouvelle majorité libérale
en voie de formation, pour s'imposer à la dynastie
cadette comme « maire du palais. »

Février et le feu roulant du boulevard des Capu-
cines dérangèrent ce beau plan ; la République fit
son entrée en scène au lieu et place de la Réforme
demandée. C'était le moment de se montrer, Thiers
resta chez lui. L'action était plus dangereuse qu'à
Grandvaux ; il pressentait l'odeur de la poudre. On
le vit servir des vivres à une bande d'insurgés dans
la cour de son hôtel ; Mme Dosne, sa belle-mère,
faisait les honneurs. Il allait montrer ensuite à
M. Molé, avec un sot orgueil, ses mains, qui,
disait-il, avaient serré les mains calleuses du peuple.

En désespoir de cause, Louis-Philippe a recours à la popularité de Thiers pour apaiser l'émeute. Celui-ci, s'abusant sur son prestige dans Paris, fait afficher une banale proclamation, oblige le maréchal Bugeaud, qui pouvait écraser l'insurrection, à mettre l'épée au fourreau. La proclamation qui devait opérer des merveilles fut lacérée ; on cria : « A bas Thiers ! » Le petit homme n'était donc pas un spécifique unique. Mais les troupes se trouvant harassées et démoralisées par tous ces retards, l'on dût renoncer à la lutte. Thiers avait, à la différence de 1830, fait une Révolution sans le savoir. Aucun conseil, aucun encouragement ne vinrent de sa part à Louis-Philippe ; il se contenta de mettre son roi en fiacre, après l'avoir fait trébucher du trône, et de lui passer son parapluie par la portière. Pour lui, laissant à d'autres le soin de trancher la question de régence ou de République, il songea à mettre sa précieuse existence à l'abri des horions et s'esquiva au Corps législatif ; de là, sous un ridicule déguisement, dit-on, lunettes vertes et perruque blonde, et conduit par M. Talabot, il regagna par les plus longs détours, — le bois de Boulogne et les Batignolles, — son hôtel Saint-Georges, où il arriva, dit Daniel Stern, « dans un état de complète prostration physique et morale. »

Il ne pécha jamais par le courage ce petit fanfaron qui en remontrait aux plus vieux généraux et qui racontait les grandes batailles du premier empire

comme s'il y avait assisté. Aussi perdit-il un moment
sa popularité. Il eut beau envoyer son adhésion au
gouvernement provisoire, ses compatriotes ne vou-
lurent pas de lui aux élections générales pour la
Constituante ; il fut trop heureux de ne pas sombrer
aux élections complémentaires du 4 juin.

De quel côté orientera-t-il sa voile ? A vrai dire,
Février l'avait déconcerté, malgré toutes les res-
sources de son esprit. Mais, somme toute, la République ne blessait chez lui ni les principes — il n'en
avait pas, — ni les sentiments — ils étaient au
plus offrant et dernier enchérisseur, — ni son ori-
gine, ni son tempérament révolutionnaires, ni son
insatiable ambition. On est panégyriste de Danton
ou on ne l'est pas. Après tout, Février avait renversé
Guizot, ce rival détesté : raison de ne pas bouder
Février. Puis, quand on est rompu aux affaires,
quand on jouit d'une grande renommée d'orateur et
d'écrivain, quand on possède un talent insinuant et
souple, quand à une verve intarissable on joint un
langage limpide, quand on doit à une rapidité pro-
digieuse de conception, merveilleusement servie par
une infatigable activité, d'avoir parcouru ou à
peu près le cercle des connaissances acquises à son
époque, on peut espérer briller encore au premier
rang dans les luttes de la tribune. Or, la tribune est
restée le marche-pied du pouvoir. Guizot ne veut
pas survivre au deuil de la monarchie qu'il a servie ?
Mais Guizot n'est pas de son siècle, et Thiers, qui

en est, se consolera de n'être plus ministre, s'il est président de la République. Mais la France a une horrible peur de l'anarchie ? Thiers, virtuose incomparable, passera son archet sur la fibre conservatrice. Il est propriétaire et conservateur aussi, que diable ! il n'entend pas non plus partager ses bénéfices avec Proud'hon.

Du reste, le peuple redevient insolent, le peuple menace l'hôtel Saint-Georges, le peuple n'épargne pas les quolibets au parvenu de 1830, le peuple applaudit dans certaines pièces de théâtre des allusions à son mariage, le peuple enfin murmure contre l'égoïsme dont le richissime ex-ministre fait preuve envers sa famille indigente, le peuple affecte d'aller dîner au quartier de la Madeleine, à la frugale table d'hôte de Mme Ripert, sœur de M. Thiers !!! C'en est assez. Ces drôles méritent d'être mis à la raison : Thiers siégera à droite.

Il fera ostensiblement toute espèce d'avances aux catholiques, — les promesses lui coûtent si peu, — au point de circonvenir l'évêque-député d'Orléans, Mgr Fayet. D'autre part, il flattera en cachette les républicains influents. Les éléments très disparates de la rue de Poitiers se grouperont un jour autour de lui. Thiers les séduira avec un plan machiavélique — selon lui — consistant à soutenir la République en apparence, mais en réalité à défaire l'œuvre du gouvernement provisoire : seul et unique moyen de démontrer aux électeurs l'impossibilité

absolue d'implanter la République sur le sol national.

Oh! Thiers n'avait pas étudié pour rien le rôle du
premier consul. Qu'en dites-vous, républicains mes
maîtres, thuriféraires du « cheval de renfort ? »
Mais les républicains de 1848 ne s'y laissèrent pas
prendre ; ils ne gobèrent pas ses subtiles distinc-
tions entre la République rouge et la République
modérée.

A la Constituante, Thiers se montre l'homme des
privilèges, — il combat le service militaire obliga-
toire pour tous, il défend la conscription et le rem-
placement, — il enlève un vote de flétrissure contre
les doctrines de Proud'hon, il écrit un livre sur la
propriété, c'est-à-dire un plaidoyer *pro domo suâ*,
— il met une irrésistible éloquence au service du
pouvoir temporel des Papes, il vote l'expédition
romaine. Républicains, frères de Garibaldi, voilez-
vous la face !

Viennent les journées de juin, il vote pour la dictature de Cavaignac, il fait répondre par des coups
de canon aux doléances du prolétariat. Ici, je laisserai
parler une républicaine dont le jugement ne saurait
être suspect, Daniel Stern :

« Le tort principal de son cœur, devenu l'erreur
« de son esprit, c'est qu'oubliant trop vite son ori-
« gine, il n'a pas songé dans l'exercice du pouvoir
« à ce peuple dont il est sorti. L'amélioration du
« sort des classes pauvres n'a point occupé sa pen-

« sée. *Le progrès qui l'amenait aux honneurs lui*
« *semblait le progrès définitif de l'esprit humain.*
« L'Égalité et la liberté qui l'avaient fait puissant
« et riche lui ont paru suffire au bonheur du
« monde. »

Comme c'est écrit ! comme c'est jugé ! Il faut
rapprocher de ce passage admirable un extrait du
livre de Thiers, *La Propriété* : « La Religion, dit-il,
« allant plus loin que la philosophie, la Religion
« tirant des besoins de l'âme humaine une sublime
« conjecture, qui est un désir pour celui qui ne croit
« pas complètement, une certitude pour celui qui a
« la foi entière, la Religion nous dit : souffrez,
« souffrez avec humilité, patience, espérance, en
« regardant Dieu qui nous attend et nous récom-
« pense. Elle fait ainsi de toute douleur l'une des
« traverses du long voyage qui doit nous conduire
« à la félicité dernière. »

On croirait entendre un frère prêcheur exhortant
les chrétiens à souffrir pour l'amour de Jésus-Christ.
Qui donc monte ainsi en chaire ? qui donc se cache
ainsi sous le froc ? C'est le démolisseur de la croix de
Notre-Dame ! *Comediante !!!* Thiers prêche le jeûne
parce qu'il n'a pas faim, le maigre parce qu'il fait
gras, la souffrance parce qu'il jouit. Ce n'est pas
sous la Restauration, étant sans sou ni maille, qu'il
eût tenu ce beau langage.

Ebloui de son facile succès sur Proud'hon, se
flattant d'être le sauveur de la bourgeoisie, le bon

apôtre s'emploie à entretenir les alarmes des proprié-
taires, il recueille des souscriptions pour inonder la
province de petites brochures contre les *rouges* et
prend la défense de la caisse sociale, avec l'espoir
d'arriver à la magistrature suprême. Il met Marrast,
ce républicain affamé d'honneurs et d'argent, dans
ses projets, fait fabriquer des ballons d'essai pour sa
présidence, livre Cavaignac aux épigrammes du
Constitutionnel. Mais, fâcheux contre-temps! la
légende napoléonienne court les villes et les campa-
gnes, elle se dresse devant l'ambitieux et lui barre
le passage. Il la reconnait, lui sourit, s'incline
devant elle, et s'efforce de faire voter ses amis pour
le conspirateur de Strasbourg et de Boulogne, pour
le neveu de l'empereur. Thiers écarte de la présidence le glorieux vainqueur de juin, l'incorruptible
républicain Cavaignac; il fait faire place à Napoléon,
au maître futur. Ah! les républicains ont la mémoire
courte. La sollicitude de Thiers pour le triomphe
du prince allait même un peu loin, car il le dissua-
dait familièrement, à l'Elysée, de s'habiller eu
général, prétendant que « l'habit noir, sévère,
collant, souple, à boutons d'or, aurait plus de prestige. » On eût dit déjà le maître de la garde-robe
impériale. Grâce à la légende, grâce à l'auteur du
Consulat, le prince fut élu président de la République, il put comploter au grand jour le rétablissement de l'empire.

La fameuse revue de Satory donna, cependant, de

l'inquiétude à Thiers ; il requit de la Législative
un vote de blâme contre les ministres. « Si l'Assemblée cède, dit-il, l'empire est fait. » Le brave et
clairvoyant La Moricière le prit à part : « Oui,
l'empire est fait, et c'est vous qui l'avez fait. » La
cause première du 2 décembre et de la déportation
des « patriotes », ce fut donc Thiers. Ses autres
titres à la gratitude des mêmes « patriotes » ne sont
pas moins considérables. Il déploya une rare éloquence en faveur de la liberté de l'enseignement
primaire et secondaire; il estima l'enseignement du
clergé bien supérieur à celui de l'Université; il
donna la férule aux instituteurs de l'Etat, ces
« détestables petits socialistes, ces anti-curés ; » il
dépouilla publiquement ses anciennes préventions
contre les Jésuites ; il se fit l'avocat des congréga-
tions non-autorisées ; il déclara ne voir que dans
l'Eglise le salut de la société. Le général des Jésuites
n'eût pas mieux plaidé sa cause.

Les discours prononcés par Thiers à cette époque
sont le meilleur arsenal où l'on puisse trouver des
armes contre les lois Ferry. Et Jules Ferry et les
athées, ses dignes acolytes, s'agenouillent dévote-
ment devant la statue de Thiers ! Mon Dieu, si la
statue allait parler et démasquer ces tartufes !

Thiers se montra aussi dur pour les droits politiques des prolétaires que pour leur « droit au travail.»
Fidèle à sa marotte orléaniste du « pays légal, » du
suffrage réservé à quelques privilégiés comme lui,

il défendit la fameuse loi du 31 mai 1850, qui mit sur le pavé 3,000,000 d'électeurs. Il vota la suppression des clubs.

Nos maîtres du jour nous représentent de ridicules et plats valets, quand ils lèchent les chausses de celui qui les roua de coups dont ils s'efforcent en vain d'effacer les ineffaçables marques. Le « cheval de renfort » a fait oublier tant d'affronts, parait-il, aux souples échines des laquais qui nous gouvernent.

Au 2 décembre, Thiers fut arrêté nuitamment en son hôtel et bouclé à Mazas. Le cœur lui manquait toujours dans les grandes circonstances ; il se salit, dit-on, comme un petit enfant, et demanda en pleurant, pour se remettre de sa frayeur, son indispensable café au lait. Un pareil compère n'était pas dangereux ; on lui permit de prendre le chemin de fer et de gagner la frontière. Il ne se le fit pas répéter deux fois. Sa tranquillité d'esprit lui revint à Francfort.

Lorsque l'empire, ratifié par le suffrage universel, crut le terrain inébranlable, Thiers fut autorisé à rentrer en France. Il lui fallut dire adieu aux intrigues parlementaires, il lui fallut faire son deuil du pouvoir et se résigner à subir le maître auquel il avait, plus que personne, ouvert les portes. Aussi bien, pendant onze années, *longum œvi spatium*, l'hôte de Saint-Georges dut-il ronger son frein, en tète-à-tête avec ses « chères études ». Ne pouvant faire autre chose, il fit de l'art, de la littérature, de l'histoire, peut-être de la tapisserie, jusqu'en 1863, où Paris le nomma député.

Avec l'empire, impossible de tirer, comme avec Louis-Philippe, les marrons du feu. Thiers se grima, se composa un rôle sérieux, et, chose étourdissante, sut le remplir jusqu'au bout. C'est la belle époque de sa vie. Entre les ennemis irréconciliables du pouvoir régnant et ses adorateurs il choisit une place bien en vue, d'où il prenait à témoin de son opposition la France intelligente, la France qui répudie la démagogie et le césarisme, la France qui veut la liberté réglée, l'autorité tempérée, le lendemain assuré, l'honneur du nom gardé, la vraie France enfin, celle qui prie et qui travaille. Cette France applaudissait Thiers quand il réclamait à l'empire les libertés nécessaires, l'ordre dans les finances, quand il s'élevait contre la folle équipée du Mexique, quand il dénonçait, après Sadowa, les périls que faisaient courir au pays la coexistence de l'unité italienne et de l'unité allemande sur notre frontière orientale, quand il montrait aux Jules Favre et aux Jules Simon le néant et le danger de leur utopie de la nation armée, quand il flagellait impitoyablement la politique des nationalités —politique si fatale à notre prépondérance européenne —, quand il signalait toutes les fautes commises, quand il soutenait la protection du commerce, quand il osait s'élever seul, malgré les cris, malgré les insultes, contre la guerre irréfléchie de 1870. Oui, la vraie France était alors avec lui, parce qu'il suivait les traditions nationales et ne ménageait pas plus l'esprit révolutionnaire d'en haut que celui d'en bas. Il n'était pas dans sa vérité à lui, qui fut l'opposition systématique, mais il était dans la vérité française, ce qui valait infiniment mieux. Pourquoi n'est-il pas demeuré fidèle à cette vérité ? Pourquoi allons-nous voir l'homme des libertés nécessaires devenir celui du gouvernement personnel nécessaire ?

L'empire s'effondre à Sedan ; quelques factieux profitent de la stupeur de la capitale pour faire une Révolution ; ils s'emparent de l'Hôtel-de-Ville, ils y installent un gouvernement au risque de provoquer une guerre civile en présence de l'ennemi, car le Corps législatif n'a pas déposé ses pouvoirs. Thiers présidait les députés en l'absence de M. Schneider. Jules Favre et Jules Simon se présentent à la barre ; ils exposent ce qui s'est passé à l'Hôtel-de-Ville. « Nous faisons des vœux pour votre succès », répond Thiers, qui tout-à-coup se croit en 1830, rajeuni de quarante ans. Les députés se récrient vivement, mais l'ancien conspirateur a senti passer sur son visage le souffle révolutionnaire, il se réveille, et, malgré les protestations des députés, il lève la séance et le pied en même temps, pour couper court à toute délibération. Ainsi fut dissous le Corps législatif, ainsi triompha le 4 septembre, comme le 24 février, par la faute ou par la complicité de

Thiers. Ce diable d'homme se vengeait de sa frayeur
du 2 décembre.

Comme il ne pouvait décemment se commettre
avec les gens de l'Hôtel-de-Ville, car il estimait les
Gambetta trop au-desous de lui, que fit-il ? Il se
réserva pour l'avenir, il entreprit en Europe une
tournée diplomatique qui ne produisit ni un sac
d'écus ni un simple soldat, mais qui donna à son
ambition un air de patriotisme et qui prépara son
retour aux affaires pour le jour où le pays serait
réduit à merci. « Lorsqu'il est revenu, dit Louis
« Veuillot, proposer l'armistice qui *nous laissait la*
« *Lorraine* et fixait notre rançon à *deux milliards*,
« il n'a pas voulu pénétrer dans Paris pour tenter de
« contraindre à ces conditions les misérables épeu-
« rés du gouvernement , obstinés dans leur cachot
« comme des condamnés qui cherchent à se gagner
« un jour. *La Lorraine et trois milliards de sur-*
« *croît ont payé la prudence de M. Thiers.* »

Fondez donc une statue à ce singulier libérateur,
bonnes gens de Lorraine, et bénissez Dieu qu'il
n'ait pas libéré de même façon votre pays jusqu'à
la Marne!

Enfin, un armistice est conclu, les Français élisent
une Assemblée souveraine avec mission de sauver
la patrie. Thiers est acclamé par vingt-six départe-
ments, puis nommé par l'Assemblée chef du pouvoir
exécutif, en récompense de ses efforts pour empêcher
la guerre. L'Assemblée, en qui réside la souverai-

neté, le délègue pour négocier avec l'aide d'une commission de quinze membres les préliminaires de paix. Il les négocie habilement, obstinément; il a le bonheur inespéré d'arracher Belfort aux griffes de Bismarck. Voilà, certes, le plus grand acte de sa vie. C'est Belfort qui devait une statue à Thiers, car il a rendu Belfort à la France.

Libérateur de Belfort ! oui, et je suis prêt à l'acclamer; mais libérateur du territoire ! c'est autre chose. En effet, le traité de Francfort a dépouillé la France de l'Alsace, sauf le territoire de Belfort, et d'une partie de la Lorraine, de 14,500 kilomètres carrés, de 1,600,000 habitants, de grandes villes industrielles comme Mulhouse, de boulevards comme Metz, Thionville, Strasbourg, l'héroïque Bitche, de ses plus belles forêts et d'usines nombreuses, sans compter les *cinq milliards* d'indemnité ! Voilà le traité de Francfort. Ç'a été la plus douloureuse amputation qu'on nous ait jamais faite. M. Noblot, ancien député de la Moselle perdue aujourd'hui, y a-t-il songé, quand il a accepté la présidence du comité de la statue? Y ont-ils songé les conseils généraux des Ardennes, de la Meurthe et des Vosges, quand ils ont voté des fonds de souscription? Que j'aime mieux le patriotique refus du conseil général de la Meuse de coopérer à l'érection de ce bronze menteur !

Les républicains qui ont eu la sotte idée de mettre ce traité dans la main de Thiers, avec cette inscrip-

tion sur son piédestal : LIBÉRATEUR DU TERRITOIRE, ont
fait une mortelle injure au bon sens et au patriotisme. Ils sont fous, fous à lier. Malheureux, vous
renoncez donc pour toujours à l'Alsace-Lorraine ?
vous prêtez les mains au rapt de nos deux sœurs ?
Metz et Strasbourg, c'est donc désormais l'Alle-
magne ? Parce qu'il n'y a plus de Prussiens à
Longwy, Nancy ou Saint-Dié, le vieux sol national,
l'unité française, l'héritage de nos pères, le territoire
enfin sont donc LIBÉRÉS? Vous iriez à Berlin, avec
le sénateur Bernard, « en amis? » Eh bien! non,
vous n'êtes pas des Français !

Quand et par qui sera libéré le territoire ? Dieu
seul le sait. Ce que je sais, moi, c'est qu'il ne sera
libéré que lorsque le dernier Allemand aura repassé
le pont de Kehl. L'inscription : LIBÉRATEUR DU TERRI-
TOIRE, est donc un mensonge, si elle n'est pas un
crime de lèse-patrie, et elle sert à dissimuler le motif
politique qui a fait ériger la statue de Thiers.
Effacez-là, mes maîtres, et mettez : AU PÈRE DE LA
RÉPUBLIQUE, ou mieux, dans votre propre style : AU
CHEVAL DE RENFORT. Faire un titre de gloire d'un
traité imposé, d'un traité subi, du plus humiliant
des traités : cela ne s'était jamais vu !

On conçoit une statue de Mazarin avec le traité
des Pyrénées, on ne conçoit pas une statue du duc
de Richelieu avec le traité de 1815. Et, pourtant, le
traité de Paris est glorieux en comparaison de celui
de Francfort. Les Prussiens nous voulaient enlever

toute la frontière de Vauban, du nord au sud-est; le duc de Richelieu ne but pas une pareille honte ; il discuta, il menaça, il sauva la frontière, il libéra le territoire jusqu'au Rhin. On ne lui éleva pas de statue ; l'idée n'en vint à personne. Nul n'aurait songé à célébrer des fêtes dont le souvenir se serait lié aux désastres de la patrie. Ces façons de comprendre le patriotisme sont exclusivement républicaines.

Comparez donc ce ministre de la Restauration au président de votre République. Richelieu sauva l'Alsace et la Lorraine; Thiers ne les a pas sauvées. L'indemnité réglée par Richelieu fut de 700 millions ; l'indemnité réglée par Thiers a été de 5 milliards. La Chambre vota 50,000 livres de rente, à titre de récompense nationale, à Richelieu qui était pauvre ; — il abandonna noblement cette fortune aux hospices de Bordeaux, ne gardant que la carte du projet de notre démembrement, dont le czar Alexandre lui avait fait cadeau en souvenir de l'immense service rendu à la France. L'Assemblée a voté 1,200,000 francs à l'archi-millionnaire Thiers, qui a accepté la somme sans se faire prier et qui l'a placée en lieu sûr, faisant rebâtir son hôtel démoli par les communards au moyen d'une autre combinaison. Ah! s'il avait pris de la France le même souci que de ses valeurs ! Que Thiers est petit à côté de Richelieu ! Et c'est celui-là qu'on appelle le « libérateur ! » Les républicains finiront par changer le sens des mots. N'ont-ils pas appelé « vassaux de la Sainte-Alliance » les Bourbons, qui nous épargnèrent la honte du démembrement en 1814 et en 1815, grâce au principe qu'ils représentaient d'abord, grâce ensuite à l'énergie de leur attitude et à l'habileté de leur diplomatie?

La gloire de l'anticipation du départ des Allemands ne revient même pas à Thiers. Cette anticipation est due, d'une part, à M. de Bismarck, qui, ayant besoin d'obtenir des avantages douaniers pour l'exportation en France des produits manufacturés de l'Alsace, proposa le premier un échange de services ; elle est due, d'autre part, au succès de l'emprunt, qui permit d'anticiper les paiements. Et le succès de l'emprunt, c'est le crédit de la France, c'est le patriotisme de tous les Français, c'est la confiance inspirée par l'Assemblée nationale qui l'ont assuré.

Pauvre Assemblée nationale! comme Thiers la jouait. Il flattait également la gauche et la droite, les suppliait toutes deux de fermer les plaies du pays avant de rien constituer. Mais il se réservait de constituer pour lui-même une République dont il serait président. « Je ne suis que votre délégué, disait-il, je gouverne sous votre autorité et sous vos yeux. » Mais l'hypocrite entendait gouverner tout seul, tout vouloir et tout faire, même les plus petites choses, comme le grand Napoléon. Son gouvernement personnel a failli nous coûter cher.

On pouvait étouffer la Commune dans l'œuf ; c'est Thiers, par sa présomption et par ses maladresses, qui lui livra Paris. Ce militaire en chambre, qui voulait en savoir plus que tous les généraux, oublia qu'il fallait une solide troupe et de nombreux attelages pour enlever les canons de Montmartre. Obligé de se sauver, la nuit, devant l'émeute, il pensa bien à faire courir ses chevaux ventre à terre pour passer la Seine au plus vite ; mais il abandonna les forts du sud, et il aurait abandonné même le Mont-Valérien, clef de Paris, sans le général Vinoy. Or, le Mont-Valérien perdu, c'était peut-être le triomphe de la Commune.

Est-ce bien Thiers qui a écrasé cette abominable insurrection ? Il manifesta, dans la lutte, des hésitations déplorables. Il disait à l'Assemblée indignée, en lui rendant compte des opérations : « J'en suis quelquefois à me demander si j'ai le droit d'engager cette lutte. » Des murmures violents lui indiquèrent son chemin. Mac-Mahon dut plus d'une fois le rudoyer. Enfin, il est constant qu'il traita sous main avec l'émeute, sur laquelle la Franc-Maçonnerie déployait ses bannières, et qu'il prit avec elle l'engagement occulte de faire la République ; car le *Corsaire* a pu imprimer que, « s'il avait refusé de monter la côte, la Commune se serait généralisée. » Or, on sait que l'insurrection de la Commune, ouvrage des sociétés secrètes, eut lieu pour empêcher l'Assemblée nationale de rétablir la Monarchie.

Et quand on l'aurait rétablie? L'Assemblée n'était-
elle pas souveraine? Les francs-maçons délégués par
le F∴ Crémieux à l'inauguration de la statue du
prétendu libérateur étaient là pour célébrer la
mémoire du F∴ Thiers, qui s'opposa à la restauration monarchique, à Bordeaux, fidèle jusqu'au bout
à son hideux serment d'Aix, reçu par la secte
malfaisante.

Succédant à la « dictature de l'incapacité, à la
politique du fou furieux, » ainsi qu'il l'affirmait à la
tribune, Thiers eut un accès d'ambition sénile ; il se
crut seul capable de relever l'armée, les finances,
l'administration. Il inventa pour son usage particu-
lier, tout en satisfaisant les radicaux, la République
conservatrice, et il parvint à la faire tenir debout en
promettant à la gauche la vraie République, au
centre gauche les fonctions, au centre droit les
portefeuilles, et en distribuant à la droite de l'eau
bénite de cour. La gauche ne lui demandait pas
davantage : proclamer la forme républicaine. Quant
au reste, la gauche attendait patiemment l'héritage
du « sinistre vieillard », et elle se fiait aux instincts
révolutionnaires du « cheval de renfort » pour ne pas
verser à droite.

En dehors du système protectionniste dont il ne
démordit jamais, Thiers tenait à peu près ses enga-
gements occultes avec les radicaux, et sa République
conservatrice prenait doucement le chemin du
Jacobinisme, où nous la voyons. La majorité

conservatrice était en butte aux traits de la presse officieuse ; l'administration était peuplée de créatures ; on pétitionnait dans les cabarets, en vertu d'un mot d'ordre, pour la dissolution de l'Assemblée ; les pélerinages étaient insultés ; des Barodet et des Ranc sortaient des urnes électorales. Et, lorsque la majorité l'interpellait sur sa politique, le « sinistre vieillard » jurait ses grands dieux que tout était bien, menaçant de donner sa démission si l'on ne lui laissait les coudées franches. Il jouait sa présidence à coup sûr sur cette menace, tant il se flattait d'être indispensable , tant il avait de dédain pour les monarchistes, si bien bernés par le pacte de Bordeaux.

Quand la mesure de son outrecuidance et de ses palinodies fut pleine, on le déposa à terre, et la Bourse ingrate salua par une hausse accentuée la chute de son plus vieil ami. C'était le jour anniversaire du massacre des otages, le 24 mai.

— Qui me rendra ma présidence? — Pour la reconquérir, le vieillard donna l'accolade aux démocrates, et Dieu sait les tours pendables qu'il aurait joués encore, si la mort n'était venue le saisir au beau milieu de ses projets de vengeance.

L'Etat voulut prendre les funérailles à ses frais ; mais les républicains s'emparèrent du mort pour s'en faire une arme contre Mac-Mahon. Ce fut le digne couronnement d'une vie toute d'opposition. Ce cadavre regimbait encore contre tout autre pouvoir que le sien.

Vit-on jamais une carrière si remplie de contra-
dictions? Les républicains peuvent à peine revendi-
quer pour eux les deux extrémités de cette vie
tourmentée: la jeunesse et la décrépitude. L'homme
mûr a été leur plus cruel ennemi; il les a emprison-
nés, déportés, fusillés; il a combattu leurs doctrines
politiques, économiques et sociales; il s'est servi
d'eux, il les a trahis. Il leur a dit que leur règne fini-
rait «dans le sang ou dans l'imbécillité.» Ils lui ont
pardonné les coups et les injures, même le retour de
l'empire, parce qu'il a consenti, dans un intérêt
égoïste, à être leur « cheval de renfort. »

Non, nous ne lui devons pas la libération du
territoire, qui n'est point effectuée ; mais nous lui
devons trop l'aimable régime sous lequel nous avons
le désagrément de vivre. Cette fondation est bien la
sienne, hélas ! et les républicains, race gaie et de
bonne composition, lui en gardent une hypocrite
reconnaissance. Comment, au fond, pourraient-ils
aimer l'homme qui « ne pensait comme eux, leur
déclarait-il lui-même, ni sur l'impôt, ni sur l'armée,
ni sur l'organisation sociale, ni sur l'organisation
de la République, ni sur la question religieuse? »

Alors, pourquoi ont-ils donné une explication
inadmissible de leurs sentiments ? Pourquoi ont-ils
travesti leur pensée? Était-ce par peur de voir les
populations peu empressées à venir saluer la statue
du Père de la République, au lieu que, en jouant de
la guitare patriotique, on était sûr de les faire
accourir en masse?

Mais la légende du « libérateur » fera son temps. Cette légende était le mot d'ordre, la consigne que s'étaient donnée les républicains de toutes nuances d'exalter la mémoire de Thiers. Malheureusement, les radicaux ont vendu la consigne avant même la fin du feu d'artifice. En effet, pour citer seulement une de leurs feuilles, la *Marseillaise* a eu la franchise d'écrire : « Il serait temps de renoncer à cette « rengaine, qui pouvait être, sous le principat de « M. de Mac-Mahon, *une habile machine de* « *guerre*, mais qui ne *signifie plus rien aujour-* « *d'hui*. Est-ce que, sans M. Thiers, et s'il était « mort six ans plus tôt, le territoire n'aurait pas été « libéré tout de même? Finissons-en avec cette « *mauvaise plaisanterie.* »

Oui, finissons-en. Si, le traité de Francfort conclu, Thiers avait travaillé avec les éléments royalistes de l'Assemblée nationale à la restauration de la Monarchie, au lieu de diviser ces éléments pour régner lui-même, est-ce que les républicains auraient jamais songé à l'affubler du titre de « libérateur ? » Au contraire, il n'auraient point eu assez d'injures pour le « sinistre vieillard » · — cette expression leur appartient encore — qui a « libéré » le territoire jusqu'à Pagny et jusqu'à Avricourt, en deça de Strasbourg et en deça de Metz. Ils auraient dit, comme nous, que les milliards de l'indemnité c'était l'argent des autres, et ils auraient eu raison.

D'ailleurs, leur grand-prophète s'est chargé de

démasquer, par avance, l'hypocrisie des siens. De
même qu'il flétrissait, en 1832, « l'homme qui a
livré une femme, » Victor Hugo a flétri, en 1873,
la joie égoïste des villes et des populations qui
affectaient de confondre leur libération partielle
avec la libération du territoire. Il ne chanta pas,
mais, interprète inspiré des sentiments que tout
bon Français conserve pieusement au fond du cœur,
il pleura ainsi au milieu des fêtes :

Quoi ! vous n'entendez pas, *tandis que vous chantez*,
Mes frères, le sanglot profond de deux cités !
Quoi ! vous ne voyez pas, *foule aisément sereine*,
L'Alsace en frissonnant regarder la Lorraine :
O sœur, on nous oublie, on est *content* sans nous !
..............................Non, jamais
Je n'oublierai Strasbourg et je n'oublierai Metz !
L'horrible aigle des nuits nous étreint dans ses serres,
Villes ! nous ne pouvons, nous Français, nous vos frères,
Nous qui vivons par vous, et par qui vous vivrez,
Etre que par Strasbourg et par Metz délivrés !
Toute autre délivrance est un leurre, et la honte,
Tache qui toujours croît, ombre qui toujours monte,
Reste au front rougissant de notre histoire en deuil,
Peuple, et nous avons *tous* un pied dans le cercueil,
Et *pas une cité n'est entière*, et j'estime,
Que Verdun est aux fers, que Belfort est victime,
Et que Paris se traîne, humble, amoindri, plantif,
Tant que Strasbourg est pris et que Metz est captif !

Comparez le souffle patriotique de cette poésie à
l'emphase officielle des mauvais alexandrins de

M. Legouvé, le rimailleur des fêtes de Nancy. L'un a répandu de vraies larmes, des larmes françaises ; l'autre a célébré en français d'outre-Rhin les louanges de Bismarck accouplé à Cavour et à Thiers. Les vers de Victor Hugo résonnent comme un fouet vengeur aux oreilles des histrions de la triste comédie dont Nancy a été le théâtre.

Non, la légende du « libérateur » ne subsistera pas. Et, lorsqu'on reconnaîtra qu'il s'agissait tout bonnement de l'apothéose du « cheval de renfort, » on se dira : Thiers a donc été chez nous l'auxiliaire de Bismarck, puisqu'il a établi la forme de gouvernement qui, suivant les secrètes instructions du « chancelier de fer » au comte d'Arnim, « FAIT LE MIEUX LES AFFAIRES DE LA PRUSSE. » Alors, on détournera les yeux pour ne point voir la statue du MAUVAIS GÉNIE DE LA FRANCE.

Nancy, 1-2-3 août 1879.

Lettre à M. Bernard, sénateur de Meurthe-et-Moselle, maire de Nancy.

Je crois devoir faire suivre cette étude sur le « libérateur » de la lettre ci-après, qui, publiée par presque tous les journaux de Paris et de province, a eu un certain retentissement et m'a valu de tous les points de la France des félicitations chaleureuses.

Nancy, 29 juillet 1879.

Monsieur le Maire,

J'ai reçu l'invitation que vous avez bien voulu me faire «d'assister au banquet à l'occasion de la statue Thiers»; je ne la puis accepter pour ce simple motif qu'il n'y a pas lieu de fêter, comme anniversaire de la libération du territoire, une date qui est véritablement, au contraire, celui du démembrement contractuel de la France.

J'ai porté les armes comme engagé volontaire, à 19 ans, pour l'intégrité de la patrie, et tant que la patrie sera entamée, tant que Metz et Strasbourg seront sous la domination allemande, je ne contribuerai pas à fournir à nos vainqueurs une occasion de risée, à nos compatriotes annexés

un sujet de douleur, en m'asseyant à une table où l'on boira
au libérateur du territoire, alors que la meilleure portion
du territoire est restée au pouvoir de l'étranger.

Il y a dans vos fêtes d'août une ironie sanglante, et je
crois en mon âme et conscience que ce spectacle est bien
plus fait pour relâcher les derniers liens de l'Alsace-Lorraine
à la mère-patrie que pour les fortifier.

Veuillez agréer, monsieur le maire et sénateur, l'expression de mes sentiments patriotiques.

Henri ARSAC,

Rédacteur en chef de la *Gazette de l'Est.*